Kurt Schulz

Business Process Reengineering - Unter Verwendung d
ARIS

GRIN - Verlag für akademische Texte

Der GRIN Verlag mit Sitz in München hat sich seit der Gründung im Jahr 1998 auf die
Veröffentlichung akademischer Texte spezialisiert.

Die Verlagswebseite www.grin.com ist für Studenten, Hochschullehrer und andere Akade-
miker die ideale Plattform, ihre Fachtexte, Studienarbeiten, Abschlussarbeiten oder Disser-
tationen einem breiten Publikum zu präsentieren.

Dokument Nr. V118348 aus dem GRIN Verlagsprogramm

Kurt Schulz

Business Process Reengineering - Unter Verwendung der Office-Process-Darstellung von ARIS

GRIN Verlag

Bibliografische Information der Deutschen Nationalbibliothek: Die Deutsche Bibliothek
verzeichnet diese Publikation in der Deutschen Nationalbibliografie; detaillierte bibliografische Daten sind im Internet über http://dnb.d-nb.de/ abrufbar.

1. Auflage 2008
Copyright © 2008 GRIN Verlag GmbH
http://www.grin.com
Druck und Bindung: Books on Demand GmbH, Norderstedt Germany
ISBN 978-3-640-21237-8

Business Process Reengineering
unter Verwendung der
Office-Process-Darstellung von ARIS
(theoretischer Teil)

Diplomarbeit
zur Erlangung des Grades Diplom Betriebswirt (FH)

an der

Hochschule Bremen
Fachbereich Wirtschaft

Studiengang Betriebswirtschaft

Vorgelegt von: **Kurt Schulz**

Verden, 8. November 2008

Inhaltsverzeichnis

Darstellungsverzeichnis

Abkürzungsverzeichnis

ADSL	asymmetric digital subscriber line
ARIS	Architektur integrierter Informationssysteme
BPR	business process reengineering
BuchH	Buchhaltung
CFM	corporate finance management
DB	Datenbank
DSB	Deutsche Schiffsbank
DSL	digital subscriber line
DV	Datenverarbeitung
eERM	extended entity releationship model
EPK	Ereignisgesteuerte Prozesskette
FK	Fremdschlüssel
GPM	Geschäftsprozessmodellierung
GPO	Geschäftsprozessoptimierung
GS II	Grundsatz II
HA	Handelsadministration
HP	Hauptprozess
IDS	Integrierte Datenverarbeitungssysteme
IS	Informationssystem
ISIN	internationale Wertpapierkennnummer
IT	Informationstechnik
Iwi	Institut für Wirtschaftsinformatik
Kap	Kapitel
KMU	kleine und mittelständische Unternehmen
KreditSB	Kreditsachbearbeiter
KWG	Kreditwesengesetz
LiqV	Liquiditätsverordnung
Ltr	Leiter
NKI	Nicht-Kreditinstitute
PDF	portable document format
PK	Primärschlüssel
ReFi	Refinanzierung
RiCo	Risikocontrolling
SAP	Systeme, Anwendungen und Produkte in der Datenverarbeitung

SEM	strategic enterprise management
TP	Teilprozess
Vgl	Vergleiche
WAS	web application server
WP	Wertpapier
WPK	Wertpapierkurs
WPL	Wertpapierliste
WW	Währungswechsel
XOR	Entweder-Oder-Operator
z. B.	zum Beispiel
ZiBi	Zinsbindungsbilanz

1 Einleitung

Die Globalisierung der Märkte bedingt eine zunehmende Veränderung der Unternehmen. Ganze Branchen werden mit neuen Anforderungen konfrontiert. Der steigende Kostendruck, der Wandel der Märkte vom Verkäufer- zum Käufermarkt, die steigende Konkurrenz des In- und Auslandes und kürzere Produktlebenszyklen erfordern von Unternehmen, dass sie flexiblere und schlagkräftigere Strukturen einführen, um weiter am Markt bestehen zu können.[1]

Arbeitsabläufe müssen neu strukturiert werden, wenn Ziele wie die Reduktion der Kosten und der Durchlaufzeiten, die Steigerung der Flexibilität oder die Verbesserung der Produkt- oder Servicequalität erfolgreich umgesetzt werden sollen.[2]

1.1 Problemstellung

Die Bewahrung und der weitere Ausbau der Konkurrenz- und Leistungsfähigkeit der Unternehmen zwingen zur kontinuierlichen Überprüfung, Kontrolle und Anpassung der Strukturen im Unternehmen an die wirtschaftlichen Verhältnisse.[3]

Es herrscht Einigkeit darüber, dass die Veränderungen in der Reform von Organisationsstrukturen im Unternehmen nicht mehr der Funktionsorientierung folgen. Viel mehr steht der prozessorientierte Gedanke im Vordergrund, in dessen Fokus der gesamte Geschäftsprozess und nicht mehr die einzelnen Prozessschritte stehen.[4]

Sind diese Prozessschritte optimal ausgestaltet, kann das Unternehmen sich weiterentwickeln und seinen erfolgreichen Fortbestand gewährleisten.[5]

Im Rahmen dieser Arbeit wird diskutiert, welche Methoden und Werkzeuge Unternehmen zur Geschäftsprozessoptimierung einsetzen können.

---

[1] Vgl. Sinn, H. (Bd. 55.2002), Seite 43.

[2] Vgl. Osterloh, M., Frost, J. (2006), Seite 17.

[3] Vgl. Unger, A. (2008), Seite 175 – 213.

[4] Vgl. Kirchmer, M. (1996), Seite 1.

[5] Vgl. Bock, F. (2008), Seite 9ff.

1.2 Ablauf der Untersuchung und Geschäftsprozessoptimierung

Das zweite Kapitel stellt den Wandel von der funktions- zur prozessorientierten Organisationsgestaltung dar. Im dritten Kapitel werden die Grundlagen der Geschäftsprozessoptimierung aufgezeigt. Es werden grundlegende Begriffe, Ziele, Aufgaben und Phasen dargestellt. Eine Vorstellung der Methoden und Werkzeuge folgt in vierten Kapitel. Im Rahmen dieser Arbeit wird dabei im Schwerpunkt auf das ARIS-Toolset eingegangen. Das fünfte Kapitel rundet den theoretischen Teil dieser Arbeit mit einer Beurteilung der Werkzeuge und Methoden ab.

2 Betrachtung der Veränderung von Organisationsstrukturen

2.1 Funktionale Organisation

In einer Fülle von Unternehmen sind heutzutage noch Organisationsstrukturen zu finden, welche auf der Funktionsorientierung fußen.[6] Dieses hat seinen Ursprung im betrieblichen Wachstum, wenn sich aus den Anfängen heraus die Leistungsstruktur verändert. Ausgangspunkt dafür ist häufig die Teilung zwischen den kaufmännischen und den technischen Bereichen der Unternehmung.[7]

„Bei der funktionalen Organisation werden die Organisationseinheiten der zweiten Hierarchieebene nach Funktionen gebildet". [8]

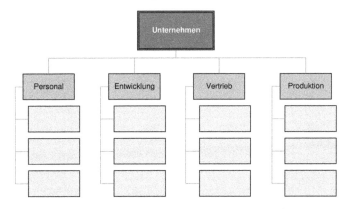

Darstellung 1 - Funktionale Organisation
Quelle: Eigene Darstellung in Anlehnung an Schulte-Zurhausen, M. (2005), Seite 260

Die nach dem Axiom der Arbeitsteilung gebildeten und auf den Grundpfeilern der Theorie von Taylor basierenden Formen der Organisation[9] hat sich im deutschsprachigen Raum die Trennung in Aufbau- und Ablauforganisation sowohl in der Theorie als auch in der Praxis durchgesetzte.[10] Die Ressourceneffizienz steht somit im Fokus der organisatorischen Zielsetzung. Daraus ergibt sich, dass die unternehme-

---

[6] Vgl. Kirchmer, M. (1996), Seite 7.

[7] Vgl. Schulte-Zurhausen, M. (2005), Seite 260.

[8] Schulte-Zurhausen, M. (2005), Seite 260.

[9] Vgl. Taylor, F. W., Volpert, W. (2004), Seite 53.

[10] Vgl. Todesco, R. (1994), Seite 117.

rische Gesamtaufgabe in kleinere, auf andere Funktionsbereiche zu verteilende Aufgaben zerlegt wird.

Dieses führt zur

- starren Abgrenzung von Verantwortungs- und Aufgabenbereichen,

- einem hohen Maß an Arbeitsteilungen,

- Bildung einer Vielzahl an Hierarchiestufen,

- Trennung zwischen operativen und dispositiven Abläufen.[11]

Die Schwäche von klassichen funktionsorientierten Organisationsstrukturen besteht in der getrennten Betrachtungsweise einzelner betriebswirtschaftlicher Funktionen, die jedoch logisch eng miteinander verbunden sind.[12] Die erschwerte Aufgabenabstimmung und Kommunikation der Funktionsbereiche anlässlich der vielen Interdependenzen und Interfaces führt dazu, dass einzelne Aktivitäten eines Unternehmensbereiches zwar zielorientiert, aber nicht im Sinne einer optimalen Gesamtentwicklung effektuiert werden.[13] Demzufolge kann auf Marktveränderungen und Kundenwünsche nicht flexibel genug eingegangen werden.

2.2 Prozessorganisation

Die Erhaltung der Wettbewerbsfähigkeit bedingen die zeitnahe und preiswerte Abwicklung von Geschäftsprozessen. Somit wird es erforderlich, dass im Unternehmen die Prozesse schlanker, unter Einbeziehung der entsprechenden Hilfsmittel und organisatorischen Maßnahmen, strukturiert werden.[14]

An dieser Stelle setzt die Prozessorientierung der Organisation an, das bedeutet die Abkehr von der funktionsbezogenen Optimierung in Richtung einer durchgängigen Geschäftsprozessgestaltung unter Beachtung der Wertschöpfungskette.

---

[11] Vgl. Thommen, J. (2003), Seite 744.

[12] Vgl. Schulte-Zurhausen, M. (2005), Seite 240.

[13] Vgl. Kirchmer, M. (1996), Seite 7.

[14] Vgl. Seidlmeier, H. (2006), Seite 3.

Zur Durchführung des Umstrukturierungsprozesses müssen die Geschäftsprozesse auf die Aufbauorganisation ausgerichtet, die Prozesse konstant und generell gestaltet und das Unternehmen von seiner Führung her kundenorientiert ausgerichtet werden.[15]

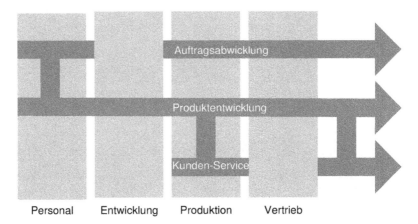

Personal   Entwicklung   Produktion   Vertrieb

Darstellung 2 - Prozessorientierte Organisation

Quelle: Eigene Darstellung, in Anlehnung an Hohmann, P., Wien, 1999.

---

[15] Vgl. Hohmann, P. (1999), Seite 149.

3 Geschäftsprozessoptimierung

Seit einigen Jahren lassen sich Schlagwörter wie Business Reengineering, Business Process Reengineering, Business Process Design, Geschäftsprozessoptimierung und -modellierung sowohl in der Wirtschaftspraxis als auch in der wirtschaftswissenschaftlichen Literatur finden.[16]

So vielfältig der Begriff „Geschäftsprozess" definiert wird, so unterschiedlich sind zugleich die Benennungen der Strategien zur Gestaltung der Prozesse. Eine Unterscheidung zwischen den Begriffen Prozess und Geschäftsprozess erfolgt meist nicht. Daher scheint an dieser Stelle eine grundlegende Begriffsbestimmung als sinnvoll.

3.1 Definition und Begriffe

3.1.1 Prozess

Bei einem Prozess handelt es sich um eine Abfolge logisch zusammenhängender Aktivitäten, welche innerhalb einer definierten Zeitspanne, auch als Durchlaufzeit bezeichnet, zur Bearbeitung eines betriebswirtschaftlich relevanten Objektes notwendig sind.[17]

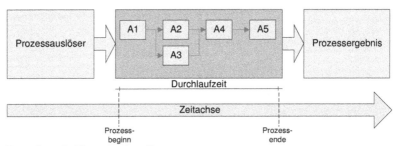

Darstellung 3 - Elemente eines Prozesses

Quelle: Eigene Darstellung in Anlehnung an Hohmann, P., Wien, 1999 Seite 158.

Binnen eines festgelegten Anfangs- und Endzeitpunktes wird durch die Verknüpfung von vorhandenen Ressourcen (Menschen, Sachmittel, Know-how und Informationen) ein Wertzuwachs geschaffen, der als Prozessergebnis in Form eines Produk-

---

[16] Vgl. Hohmann, P. (1999), Seite 158.

[17] Vgl. Töpfer, A., Caprano, K. (1996), Seite 4f.

tes oder einer Dienstleistung sichtbar wird.[18] Der Gegenstand der Prozessoptimierung ist immer eine auf die Erreichung von Zielen ausgerichtete Aufgabe.

3.1.2 Geschäftsprozesse

Prozess und Aktivitäten können in Unternehmen nicht willkürlich miteinander verkettet werden. Zur Erreichung eines inhaltlich abgegrenzten Ergebnisses, z. B. die Abwicklung eines Kundenauftrages, bilden sie aus Aktivitäten und Prozessen, einer definierten Reihenfolge entsprechend, eine Prozesskette, die den tatsächlichen Geschäftsprozess abbildet.[19]

Darstellung 4 - Geschäftsprozesse als Prozesskette
Quelle: In Anlehnung an Seidlmeier, H., Wiesbaden, 2006, Seite 23

Da Geschäftsprozesse nicht an organisatorische Strukturen wie Unternehmens- und Abteilungsgrenzen gebunden sind, beschränken sie sich nicht ausschließlich auf das Unternehmen. Die Grenzen des Unternehmens können überschritten werden, so dass das marktwirtschaftliche Umfeld eingebunden wird.[20]

3.2 Ziel der Geschäftsprozessoptimierung

Die Geschäftsprozessoptimierung ist ausgerichtet, unter Verwendung geeigneter Techniken und Mittel, die strategischen Unternehmensziele zu erreichen.[21] Mithilfe der Geschäftsprozessoptimierung sollen optimale und gleichmäßige Geschäftsprozesse für die Zukunft des Unternehmens definiert werden.

---

[18] Vgl. Schulte-Zurhausen, M. (2005), Seite 49.

[19] Vgl. Seidlmeier, H. (2006), Seite 22f.

[20] Vgl. Gadatsch, A. (2008 / 2007), Seite 45ff.

[21] Vgl. Grief, J. (2005), Seite 1.

Als Optimierungsschwerpunkte sind anzuführen:

- Reduktion des Material- und Informationsflusses,

- Senkung der anfallenden Kosten,

- Reduzierung der Bearbeitungszeiten,

- Steigerung der Flexibilität des Unternehmens,

- die Sicherung der Wettbewerbs- und Konkurrenzfähigkeit.

Die Gestaltung einzelner Prozesse hat sich auf die Optimierung der Gesamtprozesse auszurichten und nicht auf die Optimierung einzelner Prozessschritte.[22]

Eine stringente Geschäftsprozessoptimierung ohne den Einsatz von Informationstechnologie ist kaum denkbar. Integrierte Informationssysteme stellen ein bedeutendes Medium für eine Prozessunterstützung und -optimierung dar, wodurch der Erfolg der geschäftsprozessorientierten Optimierung und damit die optimale Erreichung strategischer Unternehmenszielsetzung unterstützt wird.[23]

Ein signifikanter Nutzen von datenbankgestützten Anwendungssystemen begründet sich zum einen in der prozessorientierten Unterstützung der Umgestaltung von Unternehmen und zum anderen in dem Zwang zur systembedingt notwendigen Prozessorientierung. Mithilfe des Einsatzes derartiger Systeme werden die Wirkungsfähigkeiten zur Veränderung der Prozesse erschlossen und Geschäftsprozesse effektiver und effizienter gestaltet, was eine Reduzierung des Personalbedarfs, der Durchlaufzeiten und der Kosten sowie Steigerung der Flexibilität zur Folge hat.[24]

3.3 Phasen der Geschäftsoptimierung

In der Praxis hat sich bewährt, die Optimierung eines Geschäftsprozesses in verschiedene Phasen einzuteilen und in diesen Einteilungen durchzuführen.[25]

3.3.1 Projektdefinition

Im Zuge der Vorbereitung des Projektes wird der Rahmen des Projektes festgelegt.

---

[22] Vgl. Gadatsch, A. (2008 / 2007), Seite 32.

[23] Vgl. Seidlmeier, H. (2006), Seite 5.

[24] Vgl. Hohmann, P. (1999), Seite 153 – 154.

[25] Vgl. Heib, R. (1998), Seite 149.

In diesem Rahmen werden

- die Grobziele für das Projekt definiert,

- die generelle Vorgehensweise festgelegt,

- die Organisation des Projektes abgestimmt.[26]

Da sich der Aufbau einer effizienten Projektorganisation als wesentlich erweist, erfolgt

- die Unterstützung des Managements durch einen Lenkungsausschuss,

- die methodische Aufbereitung und Konsolidierung der Projektergebnisse durch ein Projektkernteam,

- die Erarbeitung der fachlichen Ergebnisse durch Prozessteams, in denen die Fachanwender und Mitglieder des Projektkernteams vertreten sind.[27]

Bevor das eigentliche Projekt beginnt, werden ausgehend von den zuvor definierten Zielen des Projektes die einzusetzenden Beschreibungsmethoden niedergelegt und in einem Konventionen- und Projekthandbuch dokumentiert.

3.3.2 Strategische Planung

Die Geschäftsprozessoptimierung (GPO) hat sich an der Positionierung des Unternehmens am Markt zu orientieren.[28] Das hat zur Folge, dass die Geschäftsprozesse so strukturiert werden müssen, dass die strategischen Ziele des Unternehmens realisiert werden können.

3.3.3 Istanalyse

Die Analyse des Istzustandes wird im Zuge der Geschäftsprozessmodellierung (GPM) mit Unterstützung der Methode der ereignisgesteuerten Prozesskette (EPK) durchgeführt. Die Modellierung der Geschäftsprozesse schafft Transparenz.[29] Darüber hinaus wird die Identifikation von Schwachstellen und das Erkennen von Verbesserungspotenzialen im Prozessen ermöglicht.[30]

---

[26] Vgl. Thommen, J. (2003), Seite 853f. und Beyer, H. (1999), Seite 1.

[27] Vgl. Schulte-Zurhausen, M. (2005), Seite 414.

[28] Vgl. Schuh, G., Friedli, T., Kurr, M. A. (2007), Seite 174.

[29] Vgl. Krallmann, H. (2007), Seite 165f.

[30] Vgl. Schuh, G., Friedli, T., Kurr, M. A. (2007), Seite 180.

3.3.4 Sollkonzept

Mithilfe einer Prioritätsanalyse[31] werden für bestehende Geschäftsprozesse alternative Sollprozesse festgelegt. Die gebildeten Sollprozesse werden im Hinblick auf ihren Zielerreichungsgrad unter Zuhilfenahme von Simulationswerkzeugen und Prozesskostenrechnung bewertet.[32] Die Sollprozesse werden, nach einem Vergleich, aufgrund der vorangegangen Bewertung priorisiert. Ist das Sollkonzept erarbeitet worden, wird darauf basierend die Aufbauorganisation festgelegt, dokumentiert und die organisatorischen Maßnahmen zur Sicherstellung der neuen Sollprozesse werden fixiert.[33]

3.3.5 Datenverarbeitungskonzept

Die Umsetzung der im Sollkonzept festgelegten Geschäftsprozesse wird im Rahmen des DV-Konzeptes geplant.[34] Die Dokumentation der Ergebnisse erfolgt in Form eines DV-Konzeptes, welches die IT-Landschaft, die Anwendungssysteme und die Geschäftsprozesse beinhaltet.[35] Der Einführungs- bzw. Migrationsplan wird nach der Fertigstellung des DV-Konzeptes erstellt. Es wird eine Strategie zur Einführung für die jeweiligen Prozessbereiche festgelegt. Alle Termine und Ressourcen für die Teilprojekte werden definiert.

3.3.6 Umsetzung

Die Umsetzung der IT-Lösung, aufgrund des DV-Konzeptes, resultiert in der Implementierungsphase. Hierzu zählen sowohl die Einführung von Soft- bzw. Hardware sowie auch die Entwicklung von Individualsoftware[36]. Diese Phase ist stark vom Prototyping der Software dominiert. In dieser Phase erfolgt die Abbildung der Prozesse auf die IT-Lösungen. Die Integration der Anwender in die Phase der Umsetzung soll die Akzeptanz der zukünftigen Anwender sicherstellen.[37]

---

[31]Vgl. Kapitel 7.1.2 Beschreibung der Bewertungsmethode.

[32] Vgl. Krallmann, H. (2007), Seite 172.

[33] In der Literatur, z. B. bei Krallmann, H. (2007), Kapitel 6, wird häufig von Kann- und Muss-Konzept gesprochen. Das Kannkonzept deckt alle Maßnahmen ab, welche mit einem erheblichen organisatorischen oder finanziellen Aufwand zu realisieren sind. Im Idealfall sollte das Sollkonzept nicht in ein Kann- und ein Musskonzept zerlegt werden. In der realen Welt wird sich eher nur das Musskonzept durchsetzen.

[34] Vgl. Scheer, A., Jost, W., Wagner, K. (2005), Seite 1.

[35] Vgl. IDS Scheer AG (2007), Seite 214f.

[36] Eine Individualsoftware ist eine Softwarelösung, welche speziell auf die Wünsche eines Kunden hin programmiert worden ist. Dem gegenüber steht die Standardsoftware, welche für eine große Menge an Kunden entwickelt worden ist. Vgl. Balzert, H. (2001).

[37] Vgl. Krallmann, H. (2007), Seite 295f

3.3.7 Kontrolle und kontinuierliche Prozessverbesserung

Die Kontrolle der erfolgten Geschäftsprozessoptimierung stellt die letzte Phase des Optimierungsprozesses da.[38] Es muss kontinuierlich hinterfragt werden, ob die Ziele der Geschäftsprozessoptimierung durch die definierten Prozesse und umgesetzten Systemlösungen erreicht worden sind. Durchlaufzeiten, Kosten der unterstützten Prozesse sowie Kapazitätsauslastungen müssen durch entsprechende Systeme validiert werden.[39]

Das Ziel der kontinuierlichen Verbesserung der Prozesse wird nur durch die kontinuierlichen Kontrollen erreicht. Die gewonnenen Ergebnisse liefern Hinweise auf Maßnahmen zur Anpassung der Geschäftsprozesse und den damit verbundenen zugehörigen Änderungen der IT-Lösungen.

---

[38] Vgl. Hirschmann, P. (1998), Seite 173.

[39] Vgl. Dittrich, J., Braun, M. (2004), Kapitel 2.2.

4 Methoden und Tools zur Geschäftsprozessoptimierung

4.1 Überblick über die verfügbaren Methoden

Dem Verantwortlichen einer Geschäftsprozessoptimierung stehen eine Vielzahl von verschiedenen Methoden und Tools zur Verfügung. In einer Studie beschreiben Hess/Brecht insgesamt 17 Methoden. Diese Methoden folgen unterschiedlichen Denkrichtungen (z. B. der Managementlehre, der Wirtschaftsinformatik und der Organisationslehre), unterschiedlichen Umfeldern (Beratung und Forschung) und Regionen (USA und Europa). Die Darstellung erfolgt in einem einheitlichen Raster. Im Folgenden werden die Methoden kurz vorgestellt und beschrieben.[40]

Methode (Autor)	Zielsetzung	Anwendungsgebiet	Methoden- spezifische Tool- unterstützung
Action Methodology (Action Inc.)	Modellierung und Reorganisation von Geschäftsprozessen.	Die Methode konzentriert sich auf Business Processes, also auf die Koordination zwischen Personen.	Das Action Workflow Analyst unterstützt den Entwurf der Process Map.
Reengineering (Boston Consulting Group)	Reorganisation wettbewerbsrelevanter Prozesse mit dem Ziel durchschlagender und nachhaltiger Wirkung auf den Geschäftserfolg.	Bedingte Eignung für KMU	Nicht vorhanden
Geschäftsprozessanalyse (CSC Ploenzke)	Darstellung der Geschäftsprozesse eines Unternehmens und die Ableitung von Vorschlägen zur Umsetzung der Organisation, sodass die Wettbewerbsfähigkeit steigt und das Unternehmensziel erreicht wird.	Die Methode ist universell einsetzbar.	Nicht vorhanden
Process Innovation (Davenport)	Radikale Überprüfung und Weiterentwicklung der wichtigsten Entwicklung	Methode ist universell einsetzbar.	Nicht vorhanden
Geschäftsprozessoptimierung (Diebold Deutschland GmbH)	Implementierung einer schlanken, markt- und kundenorientierten Organisationsform.	Die GPO unterstützt die Neugestaltung von Prozessen in marktorientiert geführten Unternehmen.	Nicht vorhanden .

---

[40] Vgl. Hess, T., Brecht, L. (1996).

Methode (Autor)	Zielsetzung	Anwendungsgebiet	Methodenspezifische Toolunterstützung
Prozessanalyse und –gestaltung (Eversheim)	Effizientere und effektivere Gestaltung der Auftragsabwicklung in einem Industriebetrieb.	Die Methode ist für die Auftragsabwicklung in produzierenden Unternehmen, insbesondere für Unternehmen mit Kleinserienfertigung, konzipiert.	Das Tool „Proplan" unterstützt das Zeichnen der Prozesspläne und ermöglicht eine computergestützte Durchlaufzeit- und Kostenberechnung.
Semantisches Objektmodell (Ferstl/Sinz)	Analyse und Gestaltung der Koordination betrieblicher Objekte bei der Erstellung und Übergabe betrieblicher Leistungen.	Die Methode ist universell einsetzbar. Referenzmodelle existieren für verschiedene Branchen.	Das SOM-CASE-Tool unterstützt die Modellierung.
Reengineering (Hammer)	Grundlegende Überprüfung und radikale Neugestaltung der Unternehmensprozesse, um deutliche Verbesserungen bei Kosten, Qualität, Kapitalansatz, Service und Geschwindigkeit zu erreichen.	Methode ist universell einsetzbar.	Nicht vorhanden.
Business Process Improvement (Harrington)	Die Methode soll Unternehmen helfen, signifikante Fortschritte hinsichtlich der Effizienz und Effektivität bei der Abwicklung ihrer Geschäftsprozesse zu erreichen.	Die Methode ist für die Reorganisation von Geschäftsprozessen konzipiert. Produktionsprozesse sind dagegen nicht Gegenstand des Ansatzes.	Nicht vorhanden.
Continuous Flow Manufacturing (IBM Unternehmensberatung)	Verbesserung der Effizienz, Effektivität und Flexibilität eines Fertigungsprozesses.	Einsatz der Methode sind Massenfertigungen.	Nicht vorhanden.
Break Point Process Reengineering (Johansson)	Erreichung radikaler Verbesserungen hinsichtlich der Kosten, Durchlaufzeiten, Qualität und Services.	Methode ist universell einsetzbar. Sie ist jedoch aus der Projektarbeit in und mit Industrieunternehmen entstanden.	Nicht vorhanden.
Handbook of Organizational Processes (Malone)	Die Methode soll helfen, Organisationen schnell und effektiv auf der Basis eines Referenzmodells zu reorganisieren.	Das Prozesshandbuch lässt sich universell einsetzen.	Der Ansatz ist nur mit einem computergestützten Handbuch realisierbar.
Rapid Re (Manganelli / Klein)	Schnelle und radikale Umgestaltung strategisch wichtiger Prozesse, um die Produktivität einer Organisation signifikant zu steigern.	Empfohlen wird die Verwendung der Methode nur für Strategic und Value Added Processes.	Das Rapid Re Toolset stellt für einen Großteil der Tasks Funktionalitäten zur Verfügung. Das Tool dient der Dokumentation, nicht der Berechnung.

Methode (Autor)	Zielsetzung	Anwendungsgebiet	Methoden-spezifische Tool- unterstützung
Core Process Redesign (Mc Kinsey & Company)	Neugestaltung der Geschäftsprozesse, um deutliche und nachhaltige Stärkung der Wettbewerbsposition eines Unternehmens zu erreichen. Es werden Verbesserungen in allen zentralen Elementen des Geschäfts angestrebt.	Methode ist universell einsetzbar.	Es werden nur begrenzt methodenspezifische Tools eingesetzt. Der Schwerpunkt der Toolverwendung liegt mehr auf der Integration marktgängiger, beim Klienten bereits eingesetzten Tools, um die Implementierung zu vereinfachen.
OSSAD (OSSAD-Konsortium)	Analyse und Neugestaltung administrativer Prozesse, insbesondere unter Berücksichtigung der Potenziale neuer Technologien für neue organisatorische Lösungen.	Gestaltung informationsintensiver Prozesse im administrativen Bereich von Dienstleistungsunternehmen.	Das „Atelier OSSAD" unterstützt Modellierung nach dem Methodenansatz.
PROMET-BPR (Österle)	Grundsätzliche Neugestaltung von Prozessen und der Aufbau eines Prozessführungssystems zur kontinuierlichen Verbesserung betrieblicher Prozesse. Dadurch sollen Effektivität, Effizienz und Flexibilität der Prozesse nachhaltig erhöht werden.	PROMET-BPR unterstützt die systematische Neugestaltung von Prozessen in Unternehmen der Branche.	Das PROMET-Toolset unterstützt die Durchführung eines PROMET-BPR-Projekts. Es besteht aus vier Komponenten: ARIS-Toolset, PROMET-ARIS-Zusatz, PRO-DOC und PRO-Guide.
ARIS (Scheer)	Beschreibung und Optimierung betrieblicher Prozesse unter Berücksichtigung besonderer Referenzmodelle.	Grundsätzlich lässt sich die Methode universell einsetzten. Referenzmodelle und Beispiele existieren bisher überwiegend für verschiedene Industriebetriebstypen. Beispiele für Dienstleistungsunternehmen befinden sich zurzeit im Aufbau.	Das ARIS-Toolset unterstützt die computergestützte Modellierung nach dem Modellierungsansatz und stellt ein Repository verschiedener Referenzmodelle für Industriebetrieb zur Verfügung, die auch auf die Funktionalität von Standardsoftwarelösungen wie z. B. SAP R/3 abgestimmt sind.

Darstellung 5 – Methodendarstellung

Quelle: Eigene Darstellung in Anlehnung an Hess, T., Brecht, L. (1996).

Bevor zur Verwirklichung von Geschäftsprozessoptimierungsprojekten die Entscheidung über die zu verwendende Methode gefällt wird, sind die äußeren Bedingungen festzulegen. Wie in Kapitel 3.2 angesprochen wurde, ist eine Geschäftsprozessoptimierung ohne den geradlinigen und logischen Einsatz integrierter Informationssys-

teme nur sehr schwer möglich. Die Supposition für die Optimierung von Geschäftsprozessen wird im Regelfall erst durch den Einsatz von Informationssystemen geschaffen. Daher wird Anwendungssystemen, betriebswirtschaftlicher wie auch tech-
nischer Art, deren Entwicklung, Auswahl und Einsatz eine ständig wachsende Bedeutung zugesprochen. Die verwendeten bzw. anzuschaffenden Informationssysteme geben somit den Rahmen vor. Innerhalb dieses Rahmens werden Geschäftsprozesse mit festgelegten Regeln und Methoden, unter Verwendung von Tools,
optimiert. Die Informationssystem-Architektur muss den Rahmen für die Abbildung
der Modelle der GPO ermöglichen. Die in der Praxis zum Einsatz kommenden
Architekturen folgen meist dem primär methodisch orientierten Ansatz.[41]

Folgende Grafik liefert einen Überblick über primär methodisch orientierten Informationssystemarchitekturen:

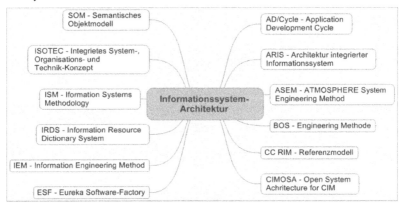

Darstellung 6 - Informationssystemarchitekturen

Quelle: Eigene Darstellung in Anlehnung an Scheer, A., Nüttgens, M., Zimmermann, V. (1995), Seite
426.

Darüber hinaus folgen zahlreiche Konzepte dem technologisch orientierten Ansatz.
Das Ziel dieser Konzepte ist die leichtere Umsetzung der Methoden mit Hilfe von
computergestützten Tools.

Von allen vorherrschenden Konzepten hat sich das ARIS-Konzept in der Anwendung durchgesetzt.[42] Im Nachfolgenden werden die Methoden und Tools zur Geschäftsprozessoptimierung anhand des ARIS-Konzeptes dargestellt.

---

[41]Vgl. Scheer, A., Nüttgens, M., Zimmermann, V. (1995), Seite 426f.

[42] Vgl. Staud, J. L. (2001), Seite 377.

4.2 Das ARIS-Konzept

4.2.1 Das ARIS-Haus

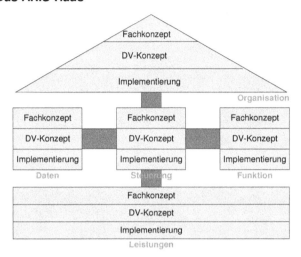

Darstellung 7 – Das ARIS-Konzept („ARIS-Haus")
Quelle: Eigene Darstellung in Anlehnung an Lehmann, F. R. (2008), Seite 23.

ARIS ist die von August-Wilhelm Scheer entwickelte Architektur. *Das ARIS-Konzept stellt gemäß Scheer [43] einen allgemeinen Bezugsrahmen für die Geschäftsprozessmodellierung dar. Charakteristisch ist die Bereitstellung ebenen- und sichtensspezifischer Modellierungs- und Implementierungsmethoden".[44]* Die umfassende und methodische Umsetzung von Geschäftsprozessen, sowie deren Beschreibung und Realisierung in IT-Lösungen wird ermöglicht. Das Tool bzw. die Methode schafft ein hohes Maß an Transparenz in den Geschäftsprozessen.

Dabei werden folgende Einzelaspekte betrachtet, gestaltet und verbessert:

- Organisationsaspekt,
- Funktionsaspekt,
- Datenstrukturaspekt.[45]

Die Transparenz wird erreicht durch die Gruppierung[46] der am geeignetsten Methoden zur Modellierung von Informationssystemen. Verstärkt wird diese Transparenz

---

[43] Vgl. Scheer, A. (2002), Seite 428.

[44] Lehmann, F. R. (2008), Seite 23.

[45] Vgl. Scheer, A. (2002), Seite 186.

noch durch die Möglichkeit zur Entwicklung neuer Methoden zur Beschreibung der Geschäftsprozesse. Ein essenzieller Vorteil des Ansatzes, den ARIS verfolgt, ist die durchgängige Unterstützung durch Computer. Dieser Vorteil wird durch die Werkzeuge des ARIS-Toolset weiter gesteigert und die Effizienz von Reorganisationsprojekten erhöht. Das Toolset ermöglicht eine Wiederverwendbarkeit der Projektergebnisse.[47]

„Deutlich zu erkennen ist in der Abbildung die zentrale Position der Steuerungssicht in der Mitte des Hauses. Für die Optimierung von Aufbau- und Ablauforganisation sind vorrangig die Steuersicht (für die Ablauforganisation) und der Organisationssicht (für die Aufbauorganisation) relevant".[48] Die generelle Verwendung von Sichten erscheint als notwendig, um die Komplexität der Modellierung beherrschen zu können.

4.2.2 Aufbau des ARIS-Sichten-Konzeptes

Zur Abbildung eines bestehenden Geschäftsprozesses auf ein Informationssystem eines Unternehmens wird zu Beginn ein Geschäftsprozessmodell entworfen und zur Strukturierung bzw. Vereinfachung in unterschiedliche Sichten aufgeteilt.

Sichten	Ziele
Funktionsicht	Beschreibung der auszuführenden Aufgaben und deren Zusammenhänge.
Datensicht	Erfassung der Zustände und Ereignisse, die durch Daten repräsentiert werden.
Organisationssicht	Definition der Organisationsstruktur eines Unternehmens, der menschlichen Bearbeiter sowie der maschinellen Aufgabenträger wie Betriebsmittel und Computerhardware.
Leistungssicht	Beschreibung der materiellen und immateriellen Input- und Outputleistungen sowie der Geldflüsse im Unternehmen
Steuerungssicht	Beschreibung der Geschäftsprozesse eines Unternehmens

Darstellung 8 - Beschreibungssichten des ARIS-Konzeptes
Quelle: Eigene Darstellung in Anlehnung an IDS Scheer AG (2007), Kapitel 2.2.

---

[46] Vgl. Kapitel 4.2.4.

[47] Vgl. Heib, R. (1998), Seite 148.

[48] Lehmann, F. R. (2008), Seite 24.

Anschließend wird der Bezug zur IT, also der Weg von der Anforderungsdefinition, der betriebswirtschaftlich-konzeptionellen Festlegung, über das technische Feinkonzept bis hin zur technischen Umsetzung der jeweiligen Sicht hergestellt. Diese Umsetzung erfolgt anhand eines Phasenmodells. Im Fachkonzept, dem ersten Schritt des Phasenmodells, werden rein betriebswirtschaftlich organisatorische Inhalte fixiert. Im nächsten Schritt wird die Umgestaltung des Fachkonzeptes mittels eines DV-Konzeptes in DV-orientierte Strukturen festgelegt. Der dritte Schritt, die technische Implementierung, besteht durch die programmiertechnische Umsetzung des DV-Konzeptes. Die bereits dargestellten Beschreibungssichten und –ebenen erzeugen die grundlegenden Komponenten der ARIS-Architektur.

4.2.2.1 Datensicht

Die Datensicht beschreibt die Informationsobjekte und deren Beziehungen zueinander. Der Begriff der Information wird hierbei sehr weit gefasst. Er umfasst sowohl ein einzelnes Datenfeld, wie auch eine gesamte Datenbank. Ziel der Datensicht ist es, ein Datenmodell zu schaffen, welches in ein Datenbanksystem überführt werden kann.[49] Das in dieser Sicht vorherrschende Modell ist das Entity-Relationship-Modell, welches durch das ARIS-Konzept erweitert worden ist.

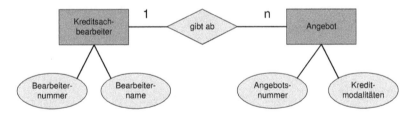

Darstellung 9 - Beispielhaftes eERM
Quelle: eigene Darstellung in Anlehnung an Seidlmeier, H. (2006), Seite 41.

Ergänzend zum Entity-Relationship-Modell wird das Fachbegriffsmodel verwendet, um Beziehungen von Fachbegriffen abzubilden.

„Eine häufig auftretende Schwierigkeit der Modellierung - insbesondere der Datenmodellierung - ist die Begriffsvielfalt, die sich für Informationsobjekte in größeren Unternehmen ergibt".[50]

---

[49] Lehmann, F. R. (2008), Seite 41.
[50] IDS Scheer AG (2007), Seite 87.

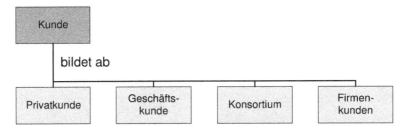

Darstellung 10 - Beispiel für ein Fachbegriffsmodell

Quelle: eigene Darstellung in Anlehnung an IDS Scheer AG (2007), Seite 87.

4.2.2.2 Funktionssicht

In dieser Sicht wird auf fachkonzeptioneller Ebene die fachliche Funktion in der hierarchischen Struktur der Unternehmung beschrieben. In dieser Sicht wird meistens das Modell des Funktionsbaumes verwendet, um einen Überblick zu liefern.[51] Der Funktionsbaum wird gleichzeitig zur Darstellung von Unternehmenszielen verwendet.

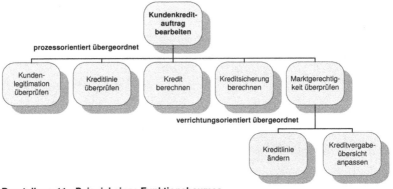

Darstellung 11 - Beispiel eines Funktionsbaumes

Quelle: eigene Darstellung

Ein weiteres wesentliches Modell in dieser Sicht ist das Zieldiagramm. Im Zieldiagramm werden die wesentlichen Ziele des Unternehmens dargestellt und in Teilziele zerlegt.[52] Diese Ziele stellen Aussagen zu den erwünschten Zuständen dar. An die jeweiligen Ziele können Funktionsbäume angehängt werden.

---

[51] Vgl. Lehmann, F. R. (2008), Seite 32.

[52] Vgl. Seidlmeier, H. (2006), Seite 17.

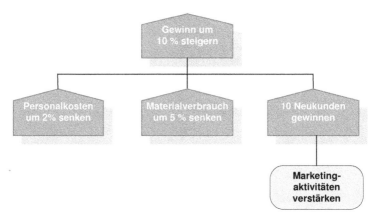

Darstellung 12 - Beispiel eines Zieldiagramms

Quelle: eigene Darstellung in Anlehnung an Seidlmeier, H. (2006), Seite 17.

4.2.2.3 Leistungssicht

Die Erstellung von Leistung ist eine hauptsächliche Aufgabe einer Unternehmung. Zur Erstellung der Leistungen werden in den Organisationen Geschäftsprozesse durchlaufen, welche die Leistung erzeugen sollen. Generell werden zur Erstellung einer jeden Leistung weitere Leistungen benötigt, z. B. Halbfertigerzeugnisse oder Informationen.

„Die Leistungssicht dient deshalb generell der Beschreibung materieller und immaterieller Input- und Outputleistungen – Sach- und Dienstleistungen aller Art – einschließlich der Geldflüsse".[53]

---

[53] Lehmann, F. R. (2008), Seite 48.

Der vom ARIS-Toolset vorgesehen Modelltyp ist der Produktbaum:

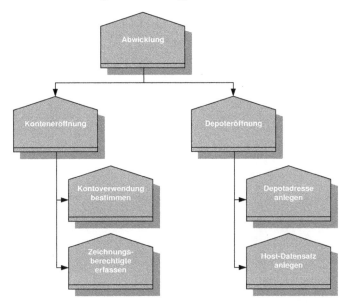

Darstellung 13 - Beispiel eines Produktbaumes für Leistungen

Quelle: eigene Darstellung

4.2.2.4   Organisationssicht

Die Organisationssicht stellt die Struktur der Organisation und deren Beziehungen zueinander dar. Das von IDS-Scheer präferierte Modell ist das Organigramm. Die Tiefe des Organigramms orientiert sich nach der Betrachtungstiefe der Prozesse.

Das zentrale Element des Organigramms ist die Organisationseinheit. Über die Kanten können Vorgesetztenverhältnisse bzw. Verantwortungsbereiche abgebildet werden.

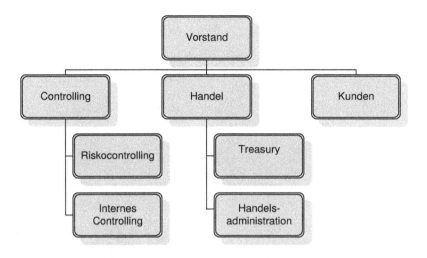

Darstellung 14 - Beispiel eines Organigramms

Quelle: eigene Darstellung

4.2.2.5 Steuerungssicht

Îm Bereich der Steuerungssicht[54] wird der ablaufbezogene, zeitlich-logische Zusammenhang von Funktionen dargestellt. Die bisher betrachteten Sichten werden in
dieser Sicht zu einem Ganzen zusammengeführt und der Prozess in seiner Gesam-
theit betrachtet.

In der Steuerungssicht werden neben den EPKs die folgenden Modelle verwendet:

- Vorgangskettendiagramm zur Darstellung des Ausgangsproblems,
- Wertschöpfungskettendiagramm als Übersichtsdiagramm,
- Funktionszuordnungsdiagramme zur Darstellung der höchsten Auflösung
  des Modells.

In der Steuerungssicht, wie auch im gesamten ARIS-Toolset, dominiert das Modell
der EPK[55].

---

[54] Als Synonym wurde in älteren ARIS-Version (< 7.02) auch Prozesssicht verwendet.

[55] Beispiel: Darstellung 17 - EPK für den Prozess "Wareneingangsbearbeitung".

4.2.3 Aufbau des ARIS-Schichten-Konzeptes

4.2.3.1   Fachkonzept

Ausgehend von der betriebswirtschaftlichen Problemstellung, umfasst das Fachkonzept die Analyse der Anforderungen und die Darstellung fachlich-betriebswirtschaftlicher Sachverhalte, losgelöst davon, ob und wie Informationssysteme eingesetzt werden sollen.[56] In diesem Konzept kommt es zu keinen system-spezifischen Festlegungen, darüber hinaus werden auch keine eventuellen Einschränkungen berücksichtigt. Das Fachkonzept beinhaltet sowohl den Istzustand wie auch den Sollzustand der betriebswirtschaftlichen Problemstellung.[57]

Das Fachkonzept dient der Dokumentation, der Analyse und der Gestaltung von Geschäftsprozessen. Das Datenverarbeitungskonzept bzw. die Implementierung bekommt dann Bedeutung, wenn eine Software entwickelt oder die Infrastruktur der Datenverarbeitung modifiziert werden soll.

Im Fachkonzept werden die Ist- bzw. die Sollzustände mit verschiedenen Modellen dargestellt. Das führende Modell ist die EPK bzw. deren Weiterentwicklung die Office-Process-Darstellung.[58]

4.2.3.2   Datenverarbeitungskonzept

Das Datenverarbeitungskonzept[59] umfasst alle Anforderungen des Fachkonzeptes zur datentechnischen Umsetzung in einer einfachen und freien Form.[60] Im Bereich der Software- bzw. Datenbankentwicklung bildet das Datenverarbeitungskonzept die logische Fortführung des Fachkonzeptes. Das Datenverarbeitungskonzept ist nur lose mit dem Fachkonzept gekoppelt, da das Datenverarbeitungskonzept sich auf das Design und die Umsetzung der Inhalte des Fachkonzeptes unter Bezugnahme auf konkrete technische Architekturentscheidungen bezieht.[61]

4.2.3.3   Implementierung

„Die Implementierung wiederum beinhaltet die Umsetzung des Datenverarbeitungskonzeptes in konkrete Software- und Hardwarekomponenten zur Beschreibung ei-

---

[56] Vgl. Allweyer, T. (2007), Seite 146.

[57] Vgl. Seidlmeier, H. (2006), Seite 23.

[58] Vgl. Lehmann, F. R. (2008), Seite 25.

[59] Im heutigen Sprachgebrauch wird häufiger von Informationsverarbeitung als von Datenverarbeitung gesprochen. IDS-Scheer verwendet jedoch in der ARIS-Terminologie den Begriff der Datenverarbeitung.

[60] Vgl. Allweyer, T. (2005), Seite 174.

[61] Vgl. Seidlmeier, H. (2006), Seite 24.

ner computergestützten Realisierung des Fachkonzeptes".[62] In dieser Phase wird Software bzw. Programmcode erstellt oder die Infrastrukturmaßnahmen im Bereich der Datenverarbeitung umgesetzt.[63]

4.2.4 Zuordnung der Modelle der Sichten zu Schichten

Modelltypen dienen zur Modellierung von Prozessen und stellen dabei einen oder mehrere Aspekte dar. Ein Modell[64] kann beliebig viele Ausprägungen in den jeweiligen Schichten zusammenfassen.

Das Spektrum der Modelltypen im ARIS-Konzept ist sehr umfangreich und nicht immer konsequent abgegrenzt, was von der jeweiligen Produktversion abhängig ist.

Der semantische Schwerpunkt vom ARIS-Toolset liegt im Bereich der Steuerungssicht, was durch die Anzahl der Modelltypen unterstrichen wird.[65]

Im Rahmen dieser Arbeit werden aus der Vielzahl der Modelltypen ein kleiner Teil dargestellt. Die folgende Tabelle liefert einen Aufschluss darüber, in welcher Schicht die dargestellten Modelltypen verwendet werden:

	Funktions-sicht	Organisa-tionssicht	Daten-sicht	Leistungs-sicht	Steuerungs-sicht
Überblicks-modelltypen			Fachbegriffs-modell		Prozessauswahldiag-ramm, Wertschöpfungskette
Zentrale Modelltypen	Funktions-baum, Anwendungs-systemtyp-diagramm	Organigramm	eERM	Produktions-baum	eEPK
Ergänzende Modelltypen	Zieldiagramm		eERM-Attribut-zuordnungs-diagramm		Ereignisdiagramm, Funktionszuordnungs-diagramm

Darstellung 15 - Zuordnung von Modelltypen zu Sichten
Quelle: Eigene Darstellung in Anlehnung an Lehmann, F. R. (2008), Seite 42.

---

[62] Lehmann, F. R. (2008), Seite 25.

[63] Vgl. Seidlmeier, H. (2006), Seite 24.

[64] Im Kontext des ARIS-Konzeptes wird grundsätzlich vom Modell gesprochen. Der Begriff der „Modelltypausprägung" wird nicht verwendet. Der Terminus hierfür lautet ebenfalls Modell. In der Literatur wird in diesem Zusammenhang immer wieder von der Methode gesprochen. Dieses wird im ARIS-Konzept ebenfalls als Modell bezeichnet, da in der Informatik eine Methode zwingend ein Sprache vorraussetzt (Vgl. Ortner, E. (2005)).

[65] Vgl. Lehmann, F. R. (2008), Seite 27.

4.2.5 Modellierung des Geschäftsprozesses mittels EPK

Die Modellierung bzw. Optimierung von Geschäftsprozessen, sowohl des Ist- als auch des Sollzustandes, erfolgt mittels der Geschäftsprozessmodellierung. Im Rahmen der GPM werden Modelle erstellt, um Geschäftsprozesse aufzuzeigen. Infolgedessen wird die Möglichkeit geschaffen sie beeinflussen zu können. Diese Modelle stellen ein substanzloses und beziehungsloses Abbild der realen Welt dar und sind als Erklärungs- bzw. Gestaltungstool für reale Systeme etabliert. Mithilfe dieser Modelle können Erkenntnisse über Organisationen und Sachverhalte bei realen Problemen abgebildet und Erkenntnisse gewonnen werden.[66]

Am Institut für Wirtschaftsinformatik (IWi) der Universität des Saarlandes wurde, durch die SAP AG finanziert, in einem Forschungsprojekt mit Mitarbeitern der SAP die ereignisgesteuerte Prozesskette (EPK) entwickelt. Diese Darstellung hat sich in der Beschreibung betrieblicher Abläufe bewährt. Im Gebiet der Illustration von Modellen mit dem ARIS-Toolset hat sie eine überragende Bedeutung erlangt, da sie sowohl Beziehungen zwischen Konstrukten der Daten- und Funktionssicht wie auch der Organisationssicht einschließt. Damit wird das Fundament zur Darstellung ablauforganisatorischer Szenarien und deren Umsetzung in Konzepte zum Geschäftsprozessmanagement geschaffen.[67]

Ziel der EPK-Methode ist die Erklärung der zeitlich-logischen Bezüge von Funktionen. Folgende Symbole[68] werden zur Darstellung von EPKs verwendet:

---

[66] Vgl. Vossen, G. (1996), Seite 19.

[67] Vgl. Scheer, A., Jost, W., Wagner, K. (2005), Seite 428.

[68] Auszug wichtiger Symbole, vollständige Darstellung siehe Anhang

Ereignis	Ein Ereignis löst eine Kette von Prozessschritten aus, die durchlaufen werden müssen. Das Ereignis löst eine oder mehrere Funktionen aus.
Funktion	Eine Funktion ist eine Teilaufgabe, welche durch ein Ereignis angestoßen worden ist.
Information	Informationen geben an, welche Information zur erfolgreichen Aufgabenerfüllung notwendig ist.
Organisation	Organisationen beschreiben, welche Abteilung bzw. Person eine Funktion ausführen soll.
Prozesspfad	Prozesspfade sind „Verbinder" zu anderen Prozessen.
XOR V ∧	Verknüpfungsoperatoren (Konnektoren) beschreiben logische Verbindungen zwischen Ereignissen und Funktionen.
⇄	Informationsobjekte (Kanten) beschreiben, ob ein Informationsobjekt von einer Funktion gelesen, geändert oder geschrieben wird.
– – – ▶	Kontrollflüsse verbinden Ereignisse und Funktionen und beschreiben eine zeitliche und logische Abfolge.
▬▬▬▬	Zuordnung von Ressourcen bzw. Organisationen beschreiben, welche Einheit oder Ressource eine Funktion oder einen Prozess bearbeitet.

Darstellung 16 - Grundelemente der EPK
Quelle: Eigene Darstellung in Anlehnung an IDS Scheer AG (2007), Seite 194 – 197.

Die Elemente Informationsobjekt, Kontrollfluss und Zuordnung werden im ARIS-Terminus als Kanten bezeichnet.[69]

Im Rahmen der ARIS-GPM können Geschäftsprozesse mithilfe des ARIS-Toolset der IDS Scheer AG nach der EPK-Methode modelliert werden.

---

[69] Vgl. Seidlmeier, H. (2006), Seite 16-19.

Die EPK-Methode, modelliert mit dem ARIS-Toolset 7.01, wird am Prozess *Waren-eingangsbearbeitung* dargestellt.

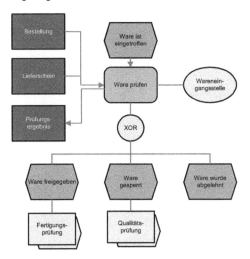

Darstellung 17 - EPK für den Prozess "Wareneingangsbearbeitung"
Quelle: Eigene Darstellung in Anlehnung an IDS Scheer AG (2007), Seiten 194 – 197.

4.2.6 Modellierung des Geschäftsprozesses mittels Office Process

Mit dem Modelltyp Office Process werden im Wesentlichen die gleichen Sachverhal-te abgebildet wie mit dem Modelltyp EPK. Es steht jedoch in diesem Modelltyp nur eine beschränkte Auswahl von Objekten zur Verfügung, welche eine bildhafte Dar-stellung ermöglichen.

Der Vorteil der bildhaften Darstellung liegt darin, dass Mitarbeiter die Modelle ver-stehen und selbst anpassen bzw. entwickeln können. Eine Schulung der Mitarbeiter in den Fachabteilungen ist nicht mehr notwendig.

„*So ist z. B. für jeden leicht ersichtlich, dass ein Symbol, welches drei Personen darstellt, eine Gruppe repräsentiert; hingegen ist dies bei der abstrakten Symbolik der EPK (doppelt umrandetes Oval) nicht für jedermann sofort ersichtlich*".[70]

Um die Identifikation mit der Symbolik im Bereich de Process-Darstellung zu maxi-mieren, werden zwei Modelltypen unterschieden:

---

[70] Seidlmeier, H. (2006), Seite 194.

- der Industrial Process[71], der Fertigungsprozesse abbildet (Erstellung eines materiellen Gutes/Produktes),
- der Office Process, der Büroprozesse abbildet (Erstellung eines immateriellen Gutes/Dienstleistung).

Ziel der beiden Modelltypen ist, die Prozessmodellierung bzw. -optimierung in die Fachabteilungen zu bringen.[72]

Modelle können somit in drei verschieden Modelltypen dargestellt werden, wobei sich die Vermischung der Modelle nicht ausschließt.[73]

Um einen direkten Vergleich[74] zwischen der EPK-Darstellung und der Office-Process-Darstellung durchführen zu können, ist der Prozess *Wareneingangsbearbeitung* nochmals in der Office-Process-Darstellung hinterlegt.

---

[71] Auf den Modelltyp Industrial Process wird im Rahmen dieser Arbeit nicht weiter eingegangen, da es sich um einen Modelltyp handelt, der keine Anwendung im Dienstleistungsbereich findet.

[72] Seidlmeier, H. (2006), Seite 194.

[73] Seidlmeier, H. (2006), Seite 196.

[74] Siehe Anhang 1 - Gegenüberstellung der Modelltypen EPK und Office Process.

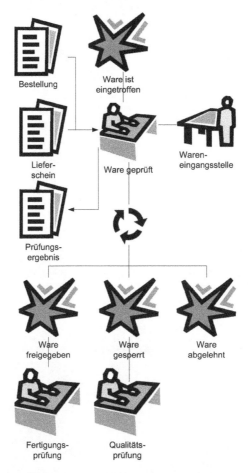

Darstellung 18 - Office Process Beispiel "Wareneingangsbearbeitung"

Quelle: eigene Darstellung.

4.2.7 Modellierungsregeln

Das ARIS-Konzept sieht für die verschiedenen Elemente Regeln zur Modellierung von EPKs vor.[75]

Die Regeln zur Modellierung gelten unabhängig davon, ob die klassischen EPKs verwendet werden oder die Office-Process-Darstellung gewählt wird.[76]

---

[75] Vgl. Lehmann, F. R. (1999), Kapitel 4.

[76] Vgl. IDS Scheer AG (2007), Seite 194.

4.2.7.1 Allgemeine Modellierungsregeln

1. Es darf keine unverbundenen Modellteile geben.
2. Jedes Modell besitzt ein Start- und ein Endereignis.
3. Kanten mit gleichen Anfangs- und Endknoten sind nicht erlaubt.
4. Mehrfachkanten sind nicht erlaubt.
5. Erweiterungsobjekte (Datenobjekte, Dokumente, Personen usw.) dürfen nur mit Funktionen verbunden sein.
6. Auf Funktionen, welche Entscheidungen treffen, folgen grundsätzlich Konnektoren.
7. Prozesszweige werden nach dem Einsatz von Konnektoren grundsätzlich mit dem gleichen Konnektor verbunden, mit dem aufgespaltet worden ist.
8. Ein Rücksprung geht immer von einem Ereignis aus.
9. Ein Rücksprung mündet immer in einen Konnektor.
10. Ein Rücksprung muss unmittelbar vor einer Funktion einmünden.

4.2.7.2 Funktionsregeln

1. Funktionen haben eine eingehende und eine ausgehende Kante.
2. Auf eine Funktion folgt stets ein Ereignis und umgekehrt.
3. Funktionen besitzen die Kompetenz Entscheidungen über den weiteren Ablauf zu treffen.

4.2.7.3 Ereignisregeln

1. Ereignisse haben eine eingehende und eine ausgehende Kante.
2. Startereignisse lösen keine Prozesse aus.
3. Endergebnisse bilden die Ergebnisse von Prozessen ab.
4. Ergebnissen folgen immer Funktionen und umgekehrt.
5. Ergebnisse haben keine Entscheidungskompetenz.

4.2.7.4 Konnektorregeln

1. Konnektoren sind Verknüpfungen mit einem Ausgang und mehreren Eingängen oder Verteiler mit einem Eingang und mehreren Ausgängen.
2. Alle Ein- und Ausgänge sind vom jeweils gleichen Typ.
3. Nach Ereignissen folgt kein XOR- oder ODER-Konnektor.
4. Konnektoren können nicht direkt verknüpft werden.

4.2.7.5   Prozessschnittstelle

1. Prozessschnittstellen stehen anstelle einer Funktion.

2. Die Prozessschnittstelle der aufrufenden EPK gibt durch ihre Positionierung die Verknüpfungsstelle an und durch ihre Beziehung, welche andere EPKs aufgerufen werrden.

3. In aufrufenden EPKs gibt ein Prozessschnittstellensymbol eine Verknüpfungsstelle an.

4. In aufrufenden EPKs steht vor der Prozessschnittstelle ein Ereignis.

5. Im Fall von eingefügten Unterprozessen steht das Prozessschnittstellensymbol mitten im Kontrollfluss der EPK.

6. Schleifen sind nicht zulässig.

7. Prozesswegweiser haben eine eingehende und eine ausgehende Kante.

4.2.7.6   Hinterlegungsregeln

1. Die auslösenden Ereignisse der zu verfeinernden Funktion werden als Startereignisse verwendet.

2. Die Ereignisse der zu verfeinernden Funktion werden als Endergebnis verwendet.

3. Schnittstellenelemente müssen sowohl im aufrufenden als auch im verfeinerten EPK definiert werden.

4. Die zu verfeinernde Funktion ist nicht Bestandteil der Verfeinerungs-EPK.

5. Die Verfeinerungs-EPK trägt den Namen der verfeinerten Funktion.

5 Beurteilung der vorgestellten Methoden und Werkzeuge

Zur Realisierung von Geschäftsprozessoptimierungsprojekten steht dem Entscheider ein ausgedehntes Spektrum an Methoden zur Verfügung, welche unter Umständen unterschiedliche Zielsetzungen im Hinblick auf das Optimierungsergebnis haben. Bei der Selektion einer Geschäftsprozessoptimierungsmethode ist auf die Übereinstimmung zwischen der Zielsetzung der ausgewählten Methode und der unternehmerischen Zielsetzungen zu achten.

Für den Erfolg einer Geschäftsprozessoptimierungsmaßnahme kommt es auf eine gesicherte Vorgehensweise unter Verwendung zweckdienlicher Methoden und Werkzeugen an. Die Zusammenführung der Vorgehensweise, des Methodenansatzes und die Angleichung der Geschäftsprozesse sind von entscheidender Bedeutung. Sie verbindet die unterschiedlichen Methoden zu einem Modell zur GPO und stellt hinreichende Methoden zur Verfügung, die durch entsprechende Werkzeuge gestützt werden.

Die vorgestellten Methoden, EPK und Office-Process-Darstellung, sind in ihrer Verwendung identisch. Die Intension der Office-Process-Darstellung ist die stärkere Einbindung der Mitarbeiter in den Prozess der Optimierung. Dieses soll durch eine bildhafte Darstellung erreicht werden. Beide Formen der Prozessdarstellung setzen gleiche Techniken im Bereich der Modellierung ein. Der Unterschied zwischen den beiden Ansätzen besteht in der grafischen Präsentation des Ergebnisses. Zeitlich betrachtet ist die Office-Process-Darstellung eine Weiterentwicklung der EPK, welche aus dem Jahr 1991 stammt.

Das eigenständiges Entwickeln und Anpassen der Modelle durch die Fachabteilungen wird ermöglicht. Die Symbolik der Office-Process-Darstellung ist leicht erlernbar und kann ohne einen wesentlichen Schulungsaufwand erfasst werden.

Der Grad der Abstraktion in der Darstellung wird reduziert. Die Einbeziehung von nicht ständigen Projektmitarbeitern wird vereinfacht.

Literaturverzeichnis

Allweyer, T., Geschäftsprozessmanagement, Strategie, Entwurf, Implementierung, Controlling, 2. Nachdr. Aufl., Herdecke [u.a.], 2007.

Allweyer, T., Maßgeschneiderter Methodeneinsatz für die Entwicklung betriebswirtschaftlicher Software, in: Scheer, A., Jost, W., Wagner, K. (Hrsg.): Von Prozessmodellen zu lauffähigen Anwendungen - ARIS in der Praxis, Berlin, Heidelberg,2005, S. Online-Ressource.

Balzert, H., Lehrbuch der Software-Technik, Software-Entwicklung, 2. Aufl., Heidelberg [u.a.], 2001.

Beyer, H., Mit der Geschäftsprozessanalyse Rationalisierungspotenziale erkennen und umsetzen, Erlangen, 1999.

Bock, F., Lernen als Element der Wettbewerbsstrategie, in: Lernende Organisation. - Sternenfels : Verl. Wissenschaft Praxis, 2008, S. 9-45.

Dittrich, J., Braun, M., Business Process Outsourcing, ein Entscheidungsleitfaden für das Out- und Insourcing von Geschäftsprozessen, Stuttgart, 2004.

Gadatsch, A., Grundkurs Geschäftsprozess-Management, Methoden und Werkzeuge für die IT-Praxis ; eine Einführung für Studenten und Praktiker ; [mit Online-Service zum Buch], 5., erw. und überarb. Aufl., Wiesbaden, 2007.

Grief, J., ARIS in IT-Projekten, zielgerichtet zum Projekterfolg durch fundiertes ARIS-Wissen, jede Menge Praxiserfahrung, erprobte Lösungen, Wiesbaden, 2005.

Heib, R., Business Process Reengineering mit ARIS-Modellen, in: Scheer, A. (Hrsg.): ARIS - vom Geschäftsprozess zum Anwendungssystem, 3. völlig neubearb. und erw. Aufl, Tokio,1998, S. XVIII, 186.

Hess, T., Brecht, L., State of the art des Business process redesign: Darstellung und Vergleich bestehender Methoden, Darstellung und Vergleich bestehender Methoden, 2., überarb. und erw. Aufl., Wiesbaden, 1996.

Hirschmann, P., Kooperative Gestaltung unternehmensübergreifender Geschäftsprozesse, Wiesbaden, 1998.

Hohmann, P., Geschäftsprozesse und integrierte Anwendungssysteme: Prozessorientierung als Erfolgskonzept, Prozessorientierung als Erfolgskonzept, Bern, 1999.

IDS Scheer AG, Methodenhandbuch, ARIS Methode 7.0, Saarbrücken, 2007.

Kirchmer, M., Geschäftsprozessorientierte Einführung von Standardsoftware: Vorgehen zur Realisierung strategischer Ziele, Vorgehen zur Realisierung strategischer Ziele, Wiesbaden, 1996.

Krallmann, H., Systemanalyse im Unternehmen, prozessorientierte Methoden der Wirtschaftsinformatik, 5., vollst. überarb. Aufl., München [u.a.], 2007.

Kremin-Buch, B., Lernende Organisation, 3. Aufl., Sternenfels, 2008.

Lehmann, F. R., Fachlicher Entwurf von Workflow-Management-Anwendungen, Stuttgart [u.a.], 1999.

Lehmann, F. R., Integrierte Prozessmodellierung mit ARIS, Heidelberg, 2008.

Lemke, J., Microsoft Office Visio 2007 - das offizielle Trainingsbuch, machen Sie sich fit für Visio 2007, Unterschleißheim, 2007.

Ortner, E., Sprachbasierte Informatik, wie man mit Wörtern die Cyber-Welt bewegt, Leipzig, 2005.

Osterloh, M., Frost, J., Prozessmanagement als Kernkompetenz, wie Sie Business Reengineering strategisch nutzen können, 5. überarb. Aufl., Wiesbaden, 2006.

Scheer, A., Jost, W., Wagner, K., Von Prozessmodellen zu lauffähigen Anwendungen, ARIS in der Praxis, Berlin, Heidelberg, 2005.

Scheer, A., Nüttgens, M., Zimmermann, V., Rahmenkonzept für ein integriertes Geschäftsprozessmanagement, in: Wirtschaftsinformatik, 37, 5, 1995, S. 426-427.

Scheer, A., ARIS - Modellierungsmethoden, Metamodelle, Anwendungen, 4. Aufl., Berlin [u.a.], 2001.

Scheer, A., ARIS - vom Geschäftsprozess zum Anwendungssystem, 4., durchges. Aufl., Berlin [u.a.], 2002.

Schuh, G., Friedli, T., Kurr, M. A., Prozessorientierte Reorganisation, Reengineering-Projekte professionell gestalten und umsetzen, München [u.a.], 2007.

Schulte-Zurhausen, M., Organisation, 4., überarb. und erw. Aufl., München, 2005.

Schwab, J., Geschäftsprozessmanagement mit Visio, ViFlow und MS Project ; [Demoversion von Visio 2003 und ViFlow 2003 auf 2 CD-ROMs], 2., aktualisierte und erw. Aufl., München [u.a.], 2006.

Seidlmeier, H., Prozessmodellierung mit ARIS: eine beispielorientierte Einführung für Studium und Praxis, eine beispielorientierte Einführung für Studium und Praxis, 2., aktualis. Aufl., Wiesbaden, 2006.

Sinn, H., Wie viel Globalisierung verträgt die Welt? In Zeitschrift: Ifo-Schnelldienst / Ifo-Institut für Wirtschaftsforschung an der Universität München. - München : Ifo-Inst. für Wirtschaftsforschung, Bd. 55.2002, S. 3-16.

Staud, J. L., Geschäftsprozessanalyse: ereignisgesteuerte Prozessketten und objektorientierte Geschäftsprozessmodellierung für betriebswirtschaftliche Standardsoftware, ereignisgesteuerte Prozessketten und objektorientierte Geschäftsprozessmodellierung für betriebswirtschaftliche Standardsoftware, 2., überarb. und erw. Aufl., Tokio, 2001.

Taylor, F. W., Volpert, W., Die Grundsätze wissenschaftlicher Betriebsführung, in: Taylor, F. W., Volpert, W. (Hrsg.): Die Grundsätze wissenschaftlicher Betriebsführung - (The principles of scientific Management), Düsseldorf, 2004, S. 116 S.

Thommen, J., Allgemeine Betriebswirtschaftslehre, umfassende Einführung aus managementorientierter Sicht, 4., überarb. u. erw. Aufl., Wiesbaden, 2003.

Todesco, R., Der rationale Kern im Taylorismus, A und O ; in Kooperation mit der Sektion Wirtschaftspsychologie im Berufsverband Deutscher Psychologen (BDP) ; Organ der Schweizerischen Gesellschaft für Arbeits- und Organisationspsychologie, Göttingen, 1994.

Töpfer, A., Caprano, K., Geschäftsprozesse: analysiert optimiert, Neuwied [u.a.], 1996.

Unger, A., Neue Ansätze in der Organisation, in: Lernende Organisation. - Sternenfels : Verl. Wissenschaft Praxis, 3. überarb. und erw. Aufl, Sternenfels, 2008, S. 175-213.

Vossen, G., Geschäftsprozeßmodellierung und Workflow-Management, in: Vossen, G. B. J. (Hrsg.): Geschäftsprozessmodellierung und Workflow-Management: Eine Einführung - Modelle, Methoden, Werkzeuge, 1. unveränd. Nachdr, Albany ([u.a.], 1996, S. 463.

www.ingramcontent.com/pod-product-compliance
Lightning Source LLC
La Vergne TN
LVHW092343060326
832902LV00008B/774